Liebe Eltern,

wir wollen Ihr Kind beim Lesenlernen unterstützen, und zwar mit spannenden und lustigen Geschichten.

Unsere Bücher mit der liebenswerten Bildermaus begleiten Ihren Sohn oder Ihre Tochter durch die Vorschule. Sie enthalten kurze Geschichten mit einfachen Sätzen sowie großer und leicht lesbarer Schrift. Hauptwörter werden durch kleine Bilder ersetzt. Lesen Sie die Geschichten vor und lassen Sie Ihr Kind die Bilder selbst benennen. Am Ende finden Sie eine Bild-Wörterliste mit den einzelnen Bedeutungen. Viele bunte Illustrationen sorgen außerdem für Lesepausen und helfen, die Geschichte zu verstehen.

So wird der Spaß am Lesen geweckt, und Ihr Kind wird ganz nebenbei von der Bildermaus zum echten Leselöwen!

Ihre

Bildermaus

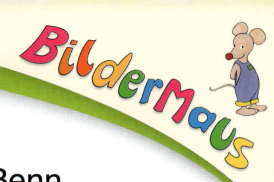

Amelie Benn

Delfingeschichten

Illustriert von Silke Voigt

www.bildermaus.de

ISBN 978-3-7855-8574-0
1. Auflage 2017
© Loewe Verlag GmbH, Bindlach 2017
Illustrationen: Silke Voigt
Umschlaggestaltung: Michael Dietrich
Vignetten Bildermaus: Angelika Stubner
Reihenlogo nach einem Entwurf von Angelika Stubner
Printed in Poland

www.loewe-verlag.de

Inhalt

Insel der blau-weißen Delfine . . .   8

Ein Delfin in Seenot 18

Der Geburtstagswunsch 24

Fina und Finchen 32

Insel der blau-weißen Delfine

Gerade ist die ☀ aufgegangen.

Delfina springt mit den anderen 🐬

zwischen den 🌊 hin und her, bis

sie nicht mehr kann. Aufmerksam

sucht sie die 〰 ab. Sie hofft, dass

ein 🚢 vorbeikommt. Denn sie

mag 🧍‍♂️🧍‍♂️ wie kein anderer 🐬 .

Doch weit und breit ist kein zu sehen. Enttäuscht taucht Delfina zum . Auf einmal entdeckt sie etwas im : eine golden glitzernde ! So eine hat sie noch nie gesehen!

Sie schnappt sich die  und

schwimmt zur Merline.

Die wohnt in einer großen .

„Weißt du, wo die goldene

herkommt?", fragt Delfina.

Die alte  kneift die  zusammen, um besser sehen zu können. „Könnte von der der blau-weißen stammen", meint sie. „Dort sind  und  eng befreundet.

Sie tauchen zusammen im .

Da finden sie diese , die auf der ganzen einzigartig sind." – „Kennst du den dorthin?", fragt Delfina aufgeregt. „Nein, aber vielleicht die

„Danke!", ruft Delfina freudig und

schwimmt so schnell ihre sie

tragen zu den nahe der .

Tatsächlich, die kennen und

erklären Delfina den .

13

Die geht schon unter, als Delfina eine mit hohen entdeckt. Aufgeregt taucht sie unter – dort liegt ein , in dem sich bunte tummeln.

Plötzlich kommt ihr ein  mit einer ⚬⚬ entgegen. Delfina erschrickt. Doch der 🏊 schenkt ihr ein 🐚 und berührt sie sanft an der 🐟. Dann zeigt er mit seinem 👆 nach unten.

Im  liegt eine geöffnete

mit einer goldenen 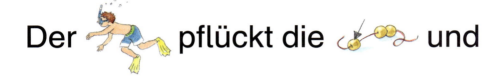 darin!

Der 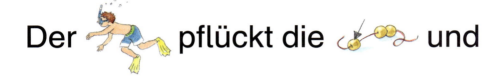 pflückt die 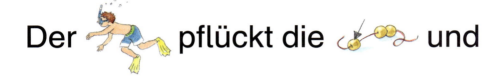 und

bedeutet Delfina, mit ihm an

die 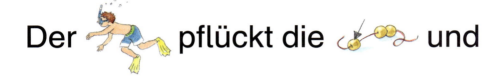 zu kommen.

Als Delfina auftaucht, sieht sie viele blau-weiße . Alle schwimmen fröhlich mit den zur . Delfina beschließt, erst einmal dazubleiben.

Ein Delfin in Seenot

Lilli wohnt direkt am ![Meer]. Gerade

ist sie aus der ![Schule] gekommen und

in ihren ![Badeanzug] geschlüpft. Nun baut

sie mit ![Eimer] und ![Schaufel] am ![Strand]

eine ![Sandburg]. Plötzlich entdeckt sie

etwas, das nahe am ![Wasser] im ![Sand]

liegt. Ein gestrandeter ![Delfin] !

18

Sofort schnappt sie sich ihren 🪣 und läuft zu dem 🐬. Er atmet noch! Lilli schüttet mit ihrem 🪣 etwas 🌊 über ihn, damit er nicht austrocknet. „Mama!", ruft sie laut.

Erschrocken kommt ihre Mama angerannt. Lillis Mama arbeitet bei der ![] auf der ![]. Sanft untersucht sie den ![]. „Er ist nicht verletzt, muss aber schnell ins !", erklärt sie.

Eilig läuft Lilli zum  und holt

eine 🩳. Die schieben sie unter

den 🐬 und ziehen ihn damit

ins 🌊. Als Lilli das 🌊 schon

bis zum 👱‍♀️ steht, zuckt der

auf einmal mit der .

Lilli und ihre Mama lassen den von der gleiten. Er schwimmt freudig ins offene . Weiter draußen entdeckt Lilli noch mehr . „Ich glaube, sie haben auf ihn gewartet", vermutet sie.

„Das hast du toll gemacht!", sagt

Lillis Mama. „Ich musste nicht

einmal die anrufen." Lilli

reckt stolz den . Wenn sie

groß ist, will sie unbedingt auch

in der arbeiten!

Der Geburtstagswunsch

Luca liebt 🐬 über alles. Lucas

Papa hat sogar die 🪟 in

seinem 🛏️ blau gestrichen und

mit Luca viele bunte 🐬 aufgemalt.

Zu seinem 🎂📅 hat Luca sich

nur eines gewünscht: einmal

im  schwimmen sehen!

Und nun ist es endlich so weit.

Die  sind gepackt, und Luca

fährt mit seinem Papa zum .

Mit dem 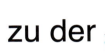 ist es nicht weit bis

zu der , wo sie ein

direkt am gebucht haben.

An der des  fragt Luca

aufgeregt: „Kann ich gleich die

sehen?" Die hinter dem

lächelt. „Heute nicht, aber morgen

bei  startet ein zu

den ."

Kurz vor sind Luca und Papa auf dem . Der gibt Luca ein . „Wenn du  entdeckst, dann rufe ganz laut!", sagt er. Luca blickt angestrengt auf das .

Plötzlich sieht er einige blaue ✦ auf dem 🌊 . „Da sind 🐬!", ruft er. Der 👨‍✈️ lässt den ⚓ auswerfen. Jetzt sind die 🐬 dicht bei ihnen. Luca freut sich.

Die  glitzern so schön in der  ! Luca möchte unbedingt ins  und zieht schnell seine an. Zusammen mit seinem Papa springt er ins  .

Ein kleiner 🐬 schwimmt nah an Luca heran und stupst ihn mit der 🐬 an. Luca streichelt dem 🐬 über die 🐬. Dann schwimmen sie nebeneinanderher. So glücklich ist Luca noch nie gewesen!

Als die ☀ schon hoch steht, ziehen die 🐬 weiter. „Mach's gut, kleiner 🐬!", ruft Luca und winkt ihm lange nach.

Fina und Finchen

Die kleine Fina geht heute

Finchen besuchen. Von allen

im mag sie Finchen am

liebsten. Finchen kommt ihr bereits

aufgeregt entgegen. „Was ist los?",

fragt die . „Oben tobt

ein ", erklärt Finchen besorgt.

32

„Ich habe ein gesehen!

Und ein ist vom  ins

dunkle gefegt worden!" –

„Dann müssen wir ihm helfen!",

ruft Fina. Über der türmt

sich eine über die andere.

Immer wieder zucken , und das schwankt zwischen den hohen hin und her. Da entdeckt Finchen den , der sich an eine klammert.

Schnell schwimmen sie zu ihm.

Mit großen  blickt der die kleine und den an.

„Aber gibt es doch gar nicht!", staunt er. „Jetzt bringen wir dich erst mal an ", sagt Fina.

Fina und Finchen stützen den erschöpften . So kämpfen sie sich gemeinsam durch die  bis sie eine erreichen. Dann muss der alleine an schwimmen.

Müde lässt er sich in den sinken. Das ist inzwischen weitergezogen. „Ich mache nur kurz die zu …", sagt der und fängt an zu schnarchen.

Fina kichert. Da kommen zwei

zum gelaufen. Als sie

den und die kleine

im blauen entdecken, winken

sie ihnen freudig zu. „Siehst du,

die beiden wissen, dass es

wirklich gibt", meint Finchen und

springt in einem großen

fröhlich aus dem .

Die Wörter zu den Bildern:

 Sonne   Perle

 Delfine    Schildkröte

 Wellen   Steinhöhle

 Wasser-oberfläche   Augen

 Schiff   Insel

 Menschen   Korallenriff

 Meeresgrund   Welt

 Seegras   Weg

Doktorfische
 Finne

 Flossen
 Finger

 Küste
 Sand

 Palmen
 Auster

 Wasser
 Meer

 Fische
 Schule

 Mann
 Badeanzug

 Tauchermaske
 Eimer

 Lächeln
 Schaufel

Strand
 Kinderzimmer
 Sandburg
 Geburtstag
 Delfinrettungs-station
 Koffer
 Haus
 Flughafen
 Plane
 Flugzeug
 Hals
 Hotel
 Schwanzflosse
 Rezeption
 Kopf
 Frau
 Wände
 Empfangs-tresen

Sonnen-aufgang
 Segelschiff
 Kapitän
 Sturm
 Fernglas
 Blitze
 Punkte
 Planke
 Anker
 Land
 Badehose
 Bucht
 Schnauze
 Kinder
 Meerjungfrau
 Bogen
 Gewitter

Amelie Benn wurde 1974 in Süddeutschland geboren. Während ihres Studiums lebte sie zeitweise in Nepal, Israel und England. Dort besuchte sie viele magische Orte und sammelte Ideen für ihre Geschichten. Heute lebt Amelie Benn mit ihrer Familie in der Schillerstadt Marbach.

Diplom-Designerin **Silke Voigt** arbeitet seit 1996 als freiberufliche Autorin und Illustratorin im Kinder-, Schul- und Sachbuchbereich mit vielen deutschen Verlagen zusammen. Sie hat ein fünfjähriges Grafikdesign-Studium mit dem Schwerpunkt Illustration absolviert. Im Anschluss daran erwarb sie in einem zusätzlichen Studium der Malerei ihr Examen in Freier Kunst an der Kunstakademie.

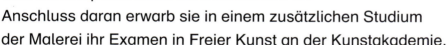

Noch mehr Lesespaß!

ISBN 978-3-7855-8571-9

ISBN 978-3-7855-8573-3

ISBN 978-3-7855-8598-6